б 51 3857

meure fondé sous la direction du soussigné, qui s'engage (et il y parviendra selon
toute apparence) à quadrupler le taux de
la souscription, 1° à l'aide des fonds secrets ; 2° *bis* ; 3° *idém*.

ART. 2.

Les colonnes du dit journal ne seront
remplies que de louanges adressées aux
hommes en place ; si les fonctionnaires sont
députés ou pairs, il y aura louanges sur
louanges ; si ce sont des ministres, la louange
sera outrée. Le tout sans distinction de
nuance politique. Voici du reste la mesure
qui sera observée :

La noblesse, le clergé : un coup d'encensoir.

Les hauts fonctionnaires : double coup
d'encensoir.

Le ministère : triple coup d'encensoir.

Les électeurs : demi-coup d'encensoir.

Les libéraux : rien.

Le ministère public : plusieurs coups
d'encensoir.

La Cour : des coups d'encensoir jusqu'à
ce que le bras en soit rompu.

La Liberté : un coup d'encensoir, mais

CHEZ MM. SCHWARTZ ET GAGNOT,

Quai des Augustins, 9.

COUPURES POLITIQUES,

Par Sers,

Auteur de l'INTÉRIEUR DES BAGNES.

PRIX : 30 CENT.

PROSPECTUS

du Journal

LE SUJET,

Qui sera déposé chez un notaire royal.

Entre le soussigné et les actionnaires, bons et loyaux courtisans, fondateurs de cette feuille quotidienne, il a été convenu.

ARTICLE PREMIER.

Un journal intitulé LE SUJET est et de-

lancé à tour de bras sur la tête, de manière, sinon à la tuer, du moins à l'étourdir.

ART. 3.

Le premier devoir des rédacteurs sera de s'élever avec indignation contre la moindre attaque faite aux hommes en place, sans oublier l'honnête salarié qui voit tout, est partout, écoute tout *et dit tout.*

ART. 4.

Des actions de grâces seront particulièrement rendues au ministère public pour la gloire immortelle qu'il acquiert dans la poursuite des délits de presse. Si le délinquant échappe au coup de filet, il sera montré du doigt, insulté, bafoué, calomnié, diffamé, ruiné, espionné et traîné sur la claie comme pamphlétaire.

ART. 5.

Quelques jours avant le vote des fonds secrets, le journal représentera la nation à la veille d'être envahie et déchirée par la

fureur des républicains; les mots ÉCHA-
FAUD, MASSACRE, TORCHE INCENDIAIRE, seront écrits en caractères gros et lisibles;
on affirmera même, au besoin, par bon
nombre de témoins oculaires, au procès-
verbal en forme, que des cartouches se fa-
briquent dans l'antre secret des factieux.
Une fois les fonds votés, on reproduira en
lettres capitales : LA FRANCE EST
HEUREUSE, LA FRANCE EST PROS-
PÈRE, ET L'ORDRE RÈGNE PAR-
TOUT.

ART. 6.

Un article hebdomadaire sera consacré à
prouver que les hauts fonctionnaires sont
en complète misère; les malheureux trop
heureux. On présentera les hauts fonctionnaires travaillant depuis le lever du soleil jusqu'à son coucher, gagnant à peine
de quoi soutenir leur pénible existence;
les malheureux se promenant en calèche
du matin au soir, ou exerçant leurs che-
vaux de luxe dans les hippodromes.

ART. 7.

La Sainte-Alliance des rois contre les

peuples sera l'objet d'une polémique cha-
leureuse, dans laquelle on rendra aux rois
leur titre méconnu de demi-dieux, aux
peuples celui de troupeaux. En consé-
quence, les premiers, comme aussi leurs
honorables courtisans, seront couverts d'or;
les derniers, leurs familles comprises, seront couverts de haillons.

Nota. Les personnes qui désireront
prendre des actions dans le journal le Sujet seront prévenues, par la voie de la
presse, du jour où le dépôt du présent
prospectus aura été fait.

Afin de satisfaire aux exigences des di-
verses opinions politiques, le gérant res-
ponsable signera Brutus-Henri (et ses autres prénoms),

DISCOURS

ADRESSÉ

AUX BONS ÉLECTEURS DE ***,

———

A certaine époque d'élection, alors que j'étais démocrate, partisan du programme de l'Hôtel-de-Ville, je tins ce vilain discours à mes voisins payant 200 fr. d'impôt; discours qui, long-temps, a pesé sur ma conscience et m'a conduit au tribunal de la pénitence. Trois fois j'ai avoué ma faute au ministre des autels, trois fois j'ai baisé la patène, trois fois j'ai donné pour les pauvres de la paroisse : je suis absous. C'est pourquoi, en reproduisant cette polémique dans le seul but de la mettre en parallèle avec les sentiments consciencieux de la majorité ministérielle, je déclare qu'elle contient du poison.

« Messieurs,

« Vous avez à choisir entre deux espèces de député, soit un député pour lui-même, soit un député pour vous. Quels avantages présente le dernier?

« Un député pour vous est un homme d'honneur, un homme qui n'appartient pas au gouvernement, un bon camarade qui vous donnera une poignée de mains aujourd'hui, dans un mois, toujours, parce que toujours il est le même; son cœur, sa conscience, ses principes, ne tournent pas comme la girouette du donjon.

« Un député pour vous est votre ami, dès-lors ennemi des gros impôts qui sont le plus grand fléau du peuple; toutefois il faut s'entendre : du peuple ouvrier, peuple travailleur; car le peuple ministériel, naturellement porté à la cagnardise, fait bande à part; c'est la tribu bienheureuse, celle-là : beaucoup d'appelés et beaucoup d'élus; elle s'engraisse à nos dépens. Dieu tout-puissant! que ces visages fleuris nous coûtent cher! Voyez plutôt mon calcul : sa justesse, sa précision méritent, sans aucun doute, l'approbation, non-seulement des courtisans, professeurs de flagornerie et faiseurs de dupes, mais aussi de tout contribuable qui raisonne avec son gros bon sens.

« Je dis :

« Un paysan qui travaille depuis le lever du soleil jusqu'à son coucher, depuis le premier janvier jusqu'à la Saint-Silvestre, peut cultiver environ six hectares de terrain, terme moyen.

« Maintenant, j'évalue l'impôt de cette petite parcelle du sol, avec l'ajouté de tous autres accessoires de droit fiscal, à 36 fr. 50 c.

« Eh bien! si, à la fin de l'année, le paysan a pourvu aux besoins de sa famille, plus, aux exigences du percepteur, il est heureux ; car, combien en est-il que l'activité du fonctionnaire public stimule par l'envoi de garnisaires, personnes très-certainement inoffensives, mais gens au cœur froid et à l'estomac chaud.

« Or, pour qui le paysan s'est-il fatigué pendant trois cent soixante-cinq jours? le budjet répond : pour moi.

« Maintenant que je fais cette question :

la distribution des deniers publics est-elle raisonnable? Voyez :

« Un évêque, en y adjoignant tous honoraires de droit, consomme à lui seul le produit des fatigues annuelles de quinze cent quatre-vingt-seize paysans !

« Un préfet, appointements, frais de bureau, frais de représentation compris, dix-neuf cent vingt-huit paysans !

« Un ministre, sans compter les petits bénéfices, trois mille cent quatre-vingt-douze paysans !

« Une liste civile, compris les domaines de la couronne, au moins huit cent vingt-un mille neuf cent dix-sept paysans !

« Cependant le mandataire, fidèle à ses devoirs, ennemi de la gent qui voudrait nous dresser au collier de force, signalera l'abus, le gaspillage des deniers publics ; il ôtera le fer de la blessure, la cicatrisera. Si ses réclamations sont bafouées par les ministres, il répondra, l'article 15 de la Charte constitutionnelle à la main : « Ministres, vous n'aurez pas l'argent du peuple ! »

« Dirai-je plus encore ? Le plus est un pas dans la geôle. Halte donc, et prudence. Parlons maintenant du député pour lui-même.

« Un député pour lui-même descendra, à Paris, tout droit chez le ministre ; il y a un instinct financier, paresseux et honorifique qui conduit ces nobles mandataires du peuple justement à ce logis, où gardes, suisses, laquais, solliciteurs, force solliciteurs, font ronde de jour et ronde de nuit. Le député, dis-je, se rendra directement au ministère ; là, il dira à son excellence : « Monseigneur, je viens vous apporter l'hommage de mon patriotisme (on se sert encore de ce mot), et mettre mon dévoûment à votre disposition ; ce qui signifie, en langage de député pour lui-même : donnez-moi des places, plusieurs places, beaucoup de places et de l'argent. »

« Le député a rempli ce premier devoir obligé par son mandat ; le lendemain, il siége, vous savez où : il vote, vous devinez ; des fonds, aux dépens de qui ? vous devinez encore : du paysan ; au profit de qui ? Ah ! cette fois, vous ne devinez point ; ce n'est pas au profit du paysan. Tirez donc le rideau : derrière, là, vous y êtes ; ces habits brodés, ces gros ventres, ces figures réjouies. Mon Dieu, quelle peine ! il faut vous les montrer du doigt. »

A ce discours, mes voisins restèrent

froids et impassibles ; le bon sens devait me dire pourquoi. En effet, le contribuable censitaire ne voit dans l'élection et dans sa qualité d'électeur que le droit de se hisser aux emplois et de palper l'argent ; aussi, mes auditeurs, n'entendant parler ni de places, ni de pécune, branlèrent la tête en signe d'improbation. Si bien que, tout-à-coup, la raison, cette lumière du ciel, dessilla mes yeux. Me retournant alors, comme un inspiré, je changeai mon langage, ma conviction, ma foi politique.

« Oui, messieurs, je le reconnais, de nos jours, il faut un député à la main preste et rapace, main ministérielle pouvant saisir à la volée toutes les nominations, depuis le simple garde-champêtre jusqu'au receveur-général. Voilà le député par excellence. A l'ouvrage, messieurs, à l'ouvrage ; consommons l'œuvre de notre régénération sociale !

« Agneaux, brebis électorales, ne vous laissez donc pas égarer par une séduction perfide ; persistez dans le choix d'un candidat du centre ; dans quelques mois, quel honneur pour vous ! vous aurez un GUILLOT plus beau qu'un tambour-major ! il reviendra au milieu de vous couvert de plumes, de décorations, de broderies, d'écharpes, de galons dorés ; qui sait ! peut-être même marqué d'un crachat !

« Réjouissez-vous, braves gens ! l'un sera fait receveur particulier : l'autre, sous-préfet ; au troisième, républicain renégat, une place de juge est réservée. Vous obtiendrez tout, des honneurs, des distinctions, de l'argent ; et, pour vos enfants, vos neveux, vos protégés, distribution complète vous sera faite, de demi-bourses, de bourses tout entières et de brevets de surnuméraires ! »

Cette dernière partie de ma harangue fut couverte d'un tonnerre d'applaudissements.

UN PROCUREUR DU ROI.

Si j'ai commis une faute en démasquant
la vilaine conduite d'un officier du parquet, je demande, au nom du ciel, que la
robe entière ne fasse pas contre moi une
levée de boucliers. Paix donc, messieurs,
et miséricorde; il ne m'arrive pas trop sou-
vent, je pense, d'effiler ma plume en lame
de scalpel, et je jure aujourd'hui qu'une
fois ne sera pas coutume.

Toutefois, je ne puis passer sous silence
l'inquisition et perquisition que m'ont fait

subir messieurs du parquet à propos de la petite historique dont s'agit. Sans doute que la renommée , usant largement à mon égard de ses ailes et de ses trompettes, avait considérablement amplifié ma culpabilité. Afin que justice me soit rendue, je vais faire passer sous les yeux de mes excellences et du public cette pièce, à grand tort qualifiée diatribe, pensant qu'à sa simple lecture, garde-des-sceaux, procureurs-généraux, gendarmes, huissiers et geôliers, n'y trouveront rien de répréhensible. J'ai cette confiance ; or, lisons.

Préciser au juste si l'anecdote que j'ai dans la mémoire et que je veux vous raconter tire son origine de l'histoire ancienne ou de celle moderne, me serait difficile ; seulement, j'en donne l'assurance, la présente anecdote n'est point un conte fait à plaisir. Or, feuilletez, compilez, bouquinez les biographies, et vous découvrirez assurément un procureur du roi ayant forme humaine ou approchant, lequel a pris naissance dans une ville industrielle située entre la Saintonge et le Poitou.

Je me rappelle parfaitement, par exemple, que le héros de mon histoire était procureur du roi.

Enfin, vous facilitant dans vos recherches biographiques, je puis encore vous donner le signalement de ce curieux et intéressant personnage.

Gros, gras, joufflu, nez volumineux, jambes taillées en pieds de bancs de cabaret, bouche de travers, menton à triple étage, chevelure d'octogénaire que la coquetterie a rajeunie d'un faux toupet.

Voici ce que je sais de la vie de cet homme étonnant :

Fils putatif d'un père ancien professeur ès-chicane, le jeune homme débuta dans le monde à la façon des viveurs de l'ancien hôtel d'Angleterre.

Il fit son droit à Poitiers, où là, spadassin plus casse-bras qu'un tambour qui a blessé le premier maître d'un régiment, il se battit, dit la chronique, non contre Lafougère, celui-ci ne traitant pas à la fourchette le champion qui met contre lui flamberge au vent; notre César (Jules) choisissait mieux ses adversaires, ceux novices en escrime, mais ayant le gousset bien garni. On devine l'issue du combat : bon déjeuner, force champagne ; ces messieurs boivent bien d'ordinaire.

Son droit fait, il s'en revint sous le toit

2*

paternel, laissant à Poitiers, dans la plus complète misère, deux jeunes ouvrières, dont l'une portait le fruit de son libertinage amoureux, et la dernière aussi le fruit de son libertinage, mais de ce commerce impur qui conduit à l'hospice quand on n'a pas les connaissances pharmaceutiques du docteur St-Gervais ou de M. Charles-Albert.

A peine arrivé dans sa ville natale, le passage d'une grande duchesse, princesse du sang royal, est annoncé; il monte à cheval, un drapeau blanc à la main, s'élance à la tête de cette bonne garde bourgeoise, officielle et officieuse, qui, dans toutes les occasions, sous tous les gouvernements, offre toujours les mêmes personnages; il arrrive au galop roulant, couvert de sueur et de poussière, sous les yeux de la princesse, et là, s'écrie avec si grande frénésie: Vive le roi! vive madame la duchesse! que c'est depuis ce jour, assure-t-on, qu'il a conservé la bouche de travers.

De ce, je ne lui fais point un crime: crie qui veut; moi je n'ai jamais crié, jugeant en saine raison qu'il y avait assez de gens payés sur les fonds secrets pour professer cette heureuse industrie.

Mais ce que j'établis sur la ligne des griefs quelque peu reprochables, par exemple, la scène scandaleuse du café Turc, espèce de viol : notre héros se trouvait en compagnie de trois autres égrillards..... Toute réflexion faite, il est inutile de réveiller cette aventure, qui a été mise au secret moyennant 3o,ooo francs. Passons à une autre ; il y a de quoi choisir.

Vinrent la mission et les missionnaires, les chapelets vendus pour l'amour de Dieu, pour l'amour de Dieu les crucifix vendus aussi ; plus les confessions, les questions, les dénonciations et les destitutions ; ensemble les galanteries missionnairifiques, les rendez-vous, les attouchements et les accouchements. Bref, on éleva la croix de mission. Notre jeune homme la porta lui-même sur ses épaules ; il était noir de fatigue et de dévotion. La croix fut plantée, bien scellée, glorifiée, bénite ; je ne dis pas bénie.

La récompense suivit l'action : l'hercule porte-croix endossa quelques jours après une robe de substitut. Très-bien ! si je commets ici un anachronisme, c'est involontaire, n'ayant pas sous les yeux la date de l'ordonnance ; dans tous les cas, j'en demande pardon au lecteur, à ma mémoire et aux cendres du héros.

Je dis aux cendres du héros, parce que je le crois mort ; si je le présumais vivant et en place, grand Dieu ! cet écrit deviendrait un pamphlet de fiel contre le ministre de la justice, car je prouverais bien innocemment que l'immoralité gouvernementale est à l'ordre du jour, sinon de la part du grand-juge, au moins du chef de ceux qui lui placeraient un bandeau sur les yeux ; chacun de mes paragraphes serait un coup de fouet qui enlèverait la peau ! A Dieu ne plaise que jamais cette coupable pensée ne me tourmente. Non, le gouvernement n'est pas immoral ; il est juste, au contraire, il ne met en place que des hommes d'honneur, et celui dont je parle est assurément mort ou aux galères. C'est pourquoi je poursuis.

Les voyageurs qui ont fait le trajet de Poitiers à Rochefort ont traversé une petite ville dont le nom m'échappe ; il m'est facile heureusement de suppléer au nom propre par un trait singulier qui distingue cette cité. Les bons habitants de *** avaient fait édifier une porte ; on la trouva si belle, si grandiose, que l'autorité municipale, émerveillée de ce chef-d'œuvre, fit graver sur le frontispice, en lettres de pierre :

CETTE PORTE A ÉTÉ FAITE ICI !

Eh bien ! c'est dans l'enceinte de cette petite ville que notre chevalier chercha de nouvelles aventures galantes..... A quelque temps de là, une cour royale, celle de Poitiers, je crois, le mit sous la prévention de tentative de viol faite sur de petites filles âgées de douze à quatorze ans.

Par bonheur, à la même époque, la liberté descendit à Paris, rue Saint-Martin, éveilla le peuple, l'arma, se mit à la tête et marcha sur le palais des rois.

La province obéit au premier signal !

Que fit le bouillant et politique jeune homme ?

Le peuple, pressuré, vexé, incarcéré sur l'ordre des missionnaires, songe à la vengeance; le peuple ne raisonne pas toujours. Ne trouvant pas ses oppresseurs, qui tous avaient eu la sage précaution de se cacher, il veut détruire les symboles de leur puissance. Le fougueux, déguisé en garde national, se met à la tête, exalte la troupe, arrive à cette même croix de mission qu'il avait portée sur ses épaules, tend une échelle, s'arme d'un sabre de dragon, monte et tranche la figure du Christ..... Messieurs, je ne suis pas bigot, il s'en faut, cependant si je me fusse trouvé sur les lieux de cette scène de scandale, je l'avoue, mon bras eût vengé l'homme-Dieu qui toute sa vie prêcha la liberté. Hors de l'église, pas de croix, mais pas d'impiétés obscènes.

Voilà le héros! Depuis il s'est refait hypocrite, ne manquant ni messe, ni confession, ni communion! C'est une chose vraiment admirable que de le voir à genoux au pied des autels, embrassant les saintes images, ensuite montrant avec fierté une pièce de cinq francs qu'il jette à l'offrande.

Plus tard il fut nommé procureur du roi dans un petit arrondissement que baignent les eaux de l'Océan.

ÉGLOGUE.

MÉLIBÉE, ALEXIS.

MÉLIBÉE.

Vous paraissez soucieux, ô Alexis! la tristesse et l'abattement se lisent dans vos traits profondément altérés; jamais vos lèvres n'appellent un sourire. Pourquoi fuir ainsi les Plaisirs et les lieux riants qu'ils habitent? Ah! partagez donc au contraire la joie et la gaité qui respirent autour de vous. Ecoutez le rossignol qui se joue dans les fleurs ; il chante, il est joyeux. Voyez ce ramier et sa fidèle compagne : sous le feuillage épais ils voltigent, se caressent de l'aile, puis se reposent tous deux, l'un près de l'autre, sur la même branche que balance mollement le souffle d'un doux zéphir. Ils sont joyeux aussi.

ALEXIS.

Le rossignol ne chante plus ; les ramiers ont cessé leurs jeux ; ils prennent leur vol, disparaissent dans l'espace. Jetez les yeux sur le toit de ce vieux château ; voyez ce milan qui s'élance, plane dans les airs. Cruel oiseau carnassier ! c'est lui, sans doute, qui met en fuite ces jolies petites créatures inoffensives. Mélibée, voilà l'image de la société : nous sommes les ramiers, et ceux qui habitent ce château sont les milans. Tant que nous vivrons sous la serre des milans, je ne puis compter de jours joyeux.

MÉLIBÉE.

Alexis, laissez couler l'eau du torrent, elle ne déborde pas sur votre héritage.

ALEXIS.

Elle envahit et porte ses ravages sur tout ce qui appartient au peuple, et je suis homme du peuple.

MÉLIBÉE.

Je vous plains, bon Alexis ; de nobles sentiments vous animent, mais ils vous poussent au fanatisme, à l'adoration d'une divinité qui ne met le pied sur la terre que pour reculer de dégoût à l'aspect de la corruption qui, chez toutes les nations, a jeté les fondements de son empire. Aujourd'hui, sur la terre, on n'encense plus que la Fortune ; elle seule a des autels et des sacrifices : les portes de son temple vous sont ouvertes, suivez-moi ; venez prendre place dans le cortége de ses favoris ; vous n'avez qu'à vous baisser pour ramasser de l'or.

ALEXIS.

Qui ? moi, trahir ma conscience et mes serments ? Infamie ! le peuple me jetterait de la boue et son mépris.

MÉLIDÉE.

Le peuple vous jeter de la boue! Alexis, vous n'avez jamais sondé le cœur humain ; soumettez-vous à l'épreuve ; elle sera cruelle, elle déchirera le voile des illusions : présentez-vous au peuple, sous l'habit de la misère ; demandez-lui le prix de votre dévoûment, il n'aura pour vous que du dédain et un sourire de pitié sardonique. Jetez de côté l'habit du pauvre, présentez-vous sous les dehors de l'opulence, montez dans un char ; dites au peuple : traîne-moi ; jetez-lui une poignée d'or, et le peuple vous servira d'attelage. Comme vous, Alexis, autrefois j'ai rêvé quelque chose de grand, de sublime ; le peuple m'apparaissait comme un génie céleste, tout plein d'amour, de fraternité, de courage ; ce génie animait toutes mes actions ; toujours il était dans ma pensée et dans mon cœur. Malheur alors à l'audacieux qui eût osé porter une main impie sur l'idole que j'adorais! Pour ce dieu, j'eusse donné mon sang, ma vie ; j'eusse bravé les fers, les tortures et la mort languissante des cachots. Eh bien! Alexis, ce génie qui avait ainsi embrasé mon âme me prêta, dans une occasion solennelle, un courage de martyr ; je bravai la colère et la puissance des grands ; je m'offris en holocauste. Victime de mon dévoûment, je recourus au peuple, aux premiers du peuple, à ces grands citoyens que la foule idolâtre. Affreuse déception ! je n'essuyai que des rebuts et des humiliations.

ALEXIS.

Deux puissances, ô Mélibée, se disputent aujourd'hui la domination des empires : d'un côté la corruption, de l'autre le patriotisme. La corruption, je le sais, rassemble sous ses drapeaux des masses innombrables de satellites assez lâches et assez vils pour afficher aux yeux de tous leur dégoûtante dépravation. Mais cette vérité, quelque pénible, quelque affligeante qu'elle soit, doit-elle éteindre le feu sacré qui brûle au fond de l'âme des francs patriotes. Retrempant au contraire leur courage, ces derniers ne doivent-ils pas s'efforcer d'opposer une digue au débordement de la corruption ? Plus petit est leur nombre, plus grand est leur mérite. Apô-

tres de la morale politique et des vertus ci-
toyennes, ils doivent en prêcher l'exemple
jusqu'au dernier soupir. Voilà ma conviction politique ; et dussé-je, ô Mélibée, ne
trouver dans la société des hommes que des
ambitieux, des égoïstes, des traîtres et des
corrupteurs, je n'aurai jamais d'autres gui-
des que l'honneur et ma patrie.

Introduction.

La vie des plus grands criminels a toujours été une lecture familière au peuple; c'est que l'esprit et l'imagination aiment généralement la récréation de ces scènes tragiques qui ont toujours pour agents la passion insatiable de l'or et des grandeurs, ou les fureurs de la vengeance et de l'amour.

Vouloir empêcher la lecture de ces histoires, si fécondes en puissantes émotions, est un rêve impossible. Mais, à côté de ces drames sanglants, placer une saine morale à la portée de toutes les intelligences, semer des réflexions philosophiques dont la société peut tirer profit, voilà une pensée qui, réalisée, ramène naturellement à la religion et à la loi.

Ce but est celui que nous nous sommes proposé ; aussi avons-nous pris le condamné dans la prison où l'a déposé la force publique après l'arrêt de la Cour d'assises, et lui avons-nous fait parcourir cette longue chaine de souffrances : aux uns de remords, de repentir, de cruelles réflexions ; aux autres, de colère impuissante, de tentatives d'évasion sévèrement réprimées ; à tous, de travaux pénibles, de privations et de captivité à temps ou à perpétuité ! Longue série de douleurs qui entoure l'existence du forçat.

Puisse cette lecture porter des fruits salutaires.

Cette histoire, écrite sur le lieu même, nous a aussi suggéré des réflexions si étroitement liées à notre sujet, qu'il nous était commandé de les jeter sur le papier. Elles ont trait aux châtiments ou aux douceurs que réclame la conduite plus ou moins reprochable de ces misérables. Ici notre tâche devenait plus difficile ; nous avions à mettre, dans un des plateaux de la balance, l'indignation de la société ; dans l'autre, la pitié due à cette foule de malheureux jetés dans les bagnes, en grande partie, par la misère, l'ignorance ou la turbulence des passions qui naissent impérieuses dans le cœur et l'imagination de l'homme.

Placé ainsi entre le coupable et la société indignée, nous avons pris pour mesure cette maxime de morale et d'équité : Justice sévère au coupable endurci ; douceur et clémence à celui qu'atteint le repentir ; humanité pour tous !

seraient adressés. Déjà nous avions commencé à exécuter ce projet en offrant au lecteur une brochure ayant pour titre : *Relation du sinistre de* l'Epervier.

La tempête qui jeta nos compatriotes sur la côte africaine et les évènements qui accompagnèrent leur séjour chez les sauvages, présentaient, selon nous, des particularités assez remarquables pour être rapportées, touchant les mœurs, les usages, le caractère de ces peuples noirs.

Mais depuis cette époque, près de deux années se sont écoulées sans nouvelles productions, et *l'Épervier* continuait toujours ses difficiles et hasardeux voyages : l'Afrique, l'Asie, l'Océanie et ses îles innombrables ont été l'objet de son commerce et de ses explorations. Notre sujet s'est donc agrandi de tout l'espace qu'il a parcouru.

Comment renfermer alors dans quelques pages d'impression la richesse et l'abondance des matériaux dont nous a doté le zèle persévérant de notre ami.

D'abord, les courses aventureuses du trois-mâts chez tant de peuples divers, blancs, noirs, cuivrés ou bronzés; ceux-ci vivant dans l'état de nature, sans frein, sans autre loi que celle instinctive qui veille à la conservation de l'homme et l'entraîne vers une compagne par l'attrait des plaisirs ; ceux-là, à demi-policés, soit par le contact de la civilisation, soit par l'intelligence qui leur est propre et que leurs besoins et les siècles ont fécondée.

Puis, les dangers sans cesse renaissants dont le hardi navigateur est entouré dans sa traversée des tropiques et des océans : écueils, piraterie, disette, incendie, ouragans ; dangers que, sous le témoignage des deux hémisphères, *l'Épervier* a affrontés avec un courage sublime.

Puis encore, ces grands spectacles, ces merveilles, ces phénomènes que la nature produit d'un pôle à l'autre pôle, et qui, tant de fois, ont rempli l'âme et l'imagination de nos voyageurs de terreur ou d'admiration.

Tous ces éléments d'instruction, de curiosité et de méditations, composent aujourd'hui une variété de faits historiques et de puissantes impressions qui nous imposent un format plus considérable.

Un seul volume, au lieu de plusieurs brochures, réunira donc toutes les circonstances remarquables que notre ami a recueillies dans ses voyages autour du monde.

Dans ce traité qui embrasse la science des navigateurs, l'histoire naturelle, la géographie et le commerce des mondes, les salutaires enseignements de la philosophie devaient aussi trouver place ; c'est pourquoi nous imprimerons à notre ouvrage le cachet de cette morale civilisatrice dont les caractères appartiennent à tous les peuples et à tous les temps.

Paris.— Imp. de E.-B. DELANCHY, faub. Montmartre, 11.